Orkidea onneksi

Katri Ikonen, Matti Kivilahti,
Tomi Voronin & Teemu Paarlahti

Orkidea onneksi

Sanoja kuvitellulle runoilijalle

Tekijät omistavat nämä kirjoitelmat mahdolliselle sisarelleen hänen
täyttäessään. Tekstit ovat fiktiota eli jossain maailmassa totta.

Orkidea onneksi: sanoja kuvitellulle runoilijalle
Toimittanut Teemu Paarlahti

© 2022 Katri Ikonen; Matti Kivilahti; Teemu Paarlahti; Tomi Voronin

Kustantaja: BoD – Books on Demand, Helsinki, Suomi
Valmistaja: BoD – Books on Demand, Norderstedt, Saksa
ISBN: 978-952-80-6537-1

"Elämä jatkuu."

Sanonta Satakunnasta ja kaikkialta, missä mennään niin ja näin. On orkidea onneksi. Sininen murtuu violettiin, mutta taivaanranta pysyy ja tämä kaksitoistatahtinen sinusrytmissä. Kysytään voimalaskelmia ja merkityksiä. Sordiinoa alttoviuluun, kaikkia elämämme tarpeita.

Tältä vuoteelta,
näiden happiviiksien takaa en näe taivasta.
Mutta on punainen piste: olet tässä.

Lääkäri on minusta kaunis,
pelastus ja maailmanrauha
hänen silmäluomiensa levollisissa liikkeissä.

Teemu Paarlahti

(sanoja)

Katri Ikonen

Hervantalaiset

(kai sulle runosisko saan

kirjoittaa ja omistaa)

makaan vihreän kankaan takana, oikea käsi ojennettuna
voin vain maata, tehdä eimitään ja tässä tapahtuu
enemmän kuin päiviä viikossa,
makaan käsi ojennettuna, ahdas rannekanava puuduttaa sormet
lääkäri avaa ranteen, verityhjiö hylkii sykettä, minä makaan
välillä unohdan hengittää, hoitaja pitää kiinni kädestä, joka
 ei ole lääkärille ojennettu, minun vasen käteni itkee kaikkea
yksinjäämisen surua,
lapsena leikattua silmää eetterinukutuksessa, minä itken
itseäni ja käsiäni näitä molempia,
jotka olen pettänyt ja jotka ovat minun
lääkäri vihreän takana leikkaa ja ompelee, käsityöläinen,
minä itken kuin en koskaan ennen kipuja, joita ei voi leikata

kuukausien jälkeen kämmenessä on koelaulu kauniista arvesta

Ruiskautus käsidesiä, jokaisen sormivälin huolellinen hieronta.

Mummo on muurahainen, mummon muisti on mennyt,

mummo on raparperin sitkeä varsi.

 Osasto kopisee linoleumiaskeleita, ovet narisevat,

astiakärryn jarru on jumissa.

Mummo ei odota mitään,

aikalauseet on unohdettu omenapuiden lumeen.

Ojennan lusikan, sormeni ovat steriilit,

mummon kutistunut suu avautuu.

 Kiisseli läikähtää. Peiton päällä pisaroi.

Kun mummo kuolee ja laitetaan hautaan, muistan kädet.

(runo on sarjasta "Maalari maalasi kaivoon valoa ja muita ääniä,

unia", joka palkittiin Pirkanmaan kirjoituskilpailussa vuonna 2013)

Kun liki satavuotias toteaa: "Olen lähtöportin lähellä", ei ole syytä väittää vastaan. Kun syöpäsairas pyytää rukousta, sanoja on vähän. Kun kipu palaa kerta toisensa jälkeen, ei voi käskeä muuttamaan asennetta. Kun pikavippejä on kertynyt tuhansiin, ei voi antaa sijoitusvinkkejä. Kun sijaiskodissa asuva lapsi odottaa äitiä, joka ei taaskaan saavu, ei muumilimsa lohduta. Kun kuljen vierellä, missä kuljen, minne päädyn? Kun kuljen vierellä, en ole mitään, ellei vierelläni kulje Hän. Kun on ilta ja ihmiset virtaavat pääni läpi, kun.

raha kasvaa puussa, sanoi lapsi,

kun keltaiset kultalantit leijuivat maahan,

syysleijat, suunta alaspäin, maahan (maan povi ei sovi tähän)

raha irtoaa puusta ja puu maasta, ei se niin mene

lapsi kulta, se on maan tapa ja puun,

että irrotaan ja leijutaan, katso miten keveää ja

ilmavaa on keltainen sade, rahasade,

sillä mikä voi olla arvokkaampaa kuin luonnon kiertokulku,

lehti lehdeltä leijailu, vaikka aina joku

 (lumihiutaleiden tanssi alkaa kohta)

jää kiinni oksiin, jättäytyy siihen koko talven läpi

(puhun nyt itsestäni)

lapseni, sinnikkäimmät eivät irtoa, mutta

se ei tarkoita, että niin pitäisi tehdä,

irrottaa otteensa, päästä leijumaan,

 se on rahaa, se on uuden mahlan alku ja

kyllä lapseni, niin raha kasvaa puussa,

(tulet aikanaan oppimaan lisää)

raha kiertää puun ja maan väliä ja se on arvokkainta mitä meillä on

ei mikään valuutta siihen yllä, ei ole ostettavissa

(sori, etten voi ostaa sulle sitä ponia)

kahmaise kaksin käsin, suutele koivurahaa, me ollaan rikkaita

raha kasvaa puuta pitkin ja me ollaan maailman rikkaimmat

 (oikeasti aika köyhiä)

Tarvon sohjossa. Kengät lipsuvat. Pysyn pystyssä,
kannan kassissa kaalia ja kirjoja, katakombeja ja kiireettömyyttä.
Tarvon ylämäkeä,
Valtaraitissa on valtava voima. Kuljen kohti kotia,
kohti toisen ihmisen kotia. Suoritan kotikäyntiä, syön appelsiinia
toisen ihmisen keittiössä, siivutan suuhuni talven aurinkoa. Ulkona
on sohjoa, sisällä lämpöä, ihmisen lämmintä hengitystä ja verkkaisen
kellon käyntiääntä. Vien biojätteet taloyhtiön keräysastiaan, liemi
liukastaa kömpelöt käteni. Ja
ennen kuin lähden toisen ihmisen kodista, halaan lämmintä vanhaa,
joka silittää minua ja sanoo, että olen kuin hyvä tytär. Ja minun oma
äitini on jo kauan sitten kuollut ja minulla on sittenkin kuin äiti,
lämpimämpi, elävä. Tarvon sohjossa. Minulla ei ole kiire. Kaikki
maailman aika on tänään tässä.

Hervanta on mielentila ja sielun mitta.
Kadut täynnä kertomuksia oloista, hyvistä ja niistä,
joista ei voi ääneen puhua.
Talojen ikkunat näkevät ja kätkevät,
lasisilmien mykiöt mykkiä todistajia.

Orivedenkadulla asuu onnellinen perhe, isä, äiti ja vastasyntynyt.
Koiraa ei harkita, sillä parvekkeelle sataa linnunsiipiä
 ja vauva saattaa olla allerginen.
Koliikki sillä jo on ja äiti on vähän väsynyt.
Isä menee aamulla töihin,
tutkii kliinisen fysiologian sähköenergisiä käyriä.
Orivedenkadulla asui pieni perhe,
paljon myöhemmin parveke lasitetaan, silloin kolmiossa elää
yksinäinen nainen, joka muistaa siivet ja kaivaa juuret parketin alta.
 Olipa kerran, onko enää?

Aamulla näin kaksi ratikkaa.

Työmatka on siirtymä, jolla liikenne leikkaa ilmaa,
 pakokaasut ovat vähäpäästöä.

Tiesin, että tästä tulee viikon paras maanantai.

Lumi ja jää rapisivat kengän alla, kun kävelin sepelipolulla.

Puhuin ja kuuntelin koko päivän. Ihmisten valintoja ja pysäkkejä,
mietin, olenko palapelin kuvanveistäjä vai sipulin kuorija.

Minulla oli kaikki aika, eikä yhtään minuuttia mennyt hukkaan.

Hervanta on mielentila ja pitkävaikutteinen pikaliima.

 Liitän sanoja ja tallon katuja.

Orivedenkadulta Valtaraitille, Lindforsinkadulta Kotkansiipeen.

Duolta Ruskoon ja Lintuhytistä Kanjoniin.

Suolijärvi ja Ahvenislaituri. Maa, ilma ja vesi.

Kaikki on tallessa.

Ratikat lepäävät raiteillaan.

Tekisi mieli olla yhdessä. Sanoa: sinä ystävä!
Kokea yhteys, sanaton, ymmärrys katseesta, tunne turvasta,
lupaus luottamuksesta.
Tekisi mieli olla yksin, kattaa yksi lautanen pieneen pöytään.
Kuunnella seinien vaimeaa hyväksyntää, olla itse itselleen läsnä.
Tekisi mieli ojentaa käsi, tarjota leipää, ottaa vastaan, katsoa silmiin,
hymyillä hitaasti.
Tekisi mieli olla yhdessä yksin, yksinäisten polulla,
riittävän lähellä, tarpeeksi kaukana.
Haloo taivas, täällä minä! Missä sinä?

Mietin unelman säröjä, riskin ottamisen kutsuvaa pohjavirtaa,
muutoksen varjoisaa vinttiä ja kokemattomuuden kellaria.
Mietin ja mietin, aivot sakkaa hakkaa,
tippaleipätehtaan taikinaa vatkaa.
Kissa kehrää mistään murehtimatta, minun kyynärmittani
venyvät, huitovat huolia, kaivavat luolia.
Minussa asuu lähikaukokaipuu, selkä taipuu.
Huomenna kellot soittavat keskiviikkoa, minä olen hitusen apea.
Puoliyön tuntematon kokonuotti ja partituurin yksisointuinen sivu.

Mietin odottamista. Aikaa, joka venyy reunoiltaan, sulaa ja palaa.

Mietin toivomista, ylös katsomista, taivaan sinistä suruilon väriä.

Mietin pysähtymistä, pyörrettä, joka kiskoo menneisiin.

Mietin pettymysten pölyä, turhautumisen tunkkaa, nousemista,

kaivon vettä, joka nousee kitisten ketjusankossa.

Aina on jotain mietittävää ja murhetta, iloa kulman takana,

syöveriä, joka syö naista terävillä hampailla.

Mietin yhä uudestaan odottamisen pitkää tiimalasia,

vuoren korkuista hiekkaläjää.

Odottamista, toivoa ja luottamusta.

Jumalaa, joka tietää, mutta ei kerro, ei näytä,

joka on ja antaa odottaa.

Merikalliolle on katettu turkoosi pöytä, maali hilseilee,
liina on valkoinen ja puhdas.
Meri vaikenee, pikareissa vesi virtaa viiniä,
kaksitoista kertaa seitsemän
 kivet nöyrtyvät köyhän leiväksi eikä minulta mitään puutu.
Tänään en mieti vihollisiani.
Olen runo runossa Olen Ylva Eggehornin tyttö,
 Jeesus jakaa kanssani viileän valkoviinin,
sillä en pidä Coca-Colasta, eikä hänkään
Jeesuksen partaan tarttuneet patongin murut ovat luomuviljaa,
Getsemanen oliivit ja Guatemalan avokadot
kertaavat ilon historiaa, surua
juuston ostimme hallista radan toiselta puolelta
ikkuna avautuu maailmaan Rooma, Lissabon, Nazareth,
Valkeakoski, Alabama ja kaukainen Afrikan maa
minä ja Jeesus Me jaamme yksiön turvan:

kaikki tila ja vapaus on tässä

Hänen kanssaan omistan kaiken, kaiken omistan

ei minulta mitään puutu.

Möröt ovat pääni sisässä, rappukäytävän hämärässä,

 jätesäkkeihin niputettuja ankkureita,

vihollliset ovat lyijyä jaloissa, painajaisia, joissa puhelin ei toimi

 ja lapset kadonneet unia ja tosia,

 menetettyjä hampaita valottomia varjolaaksoja, maatunutta kapinaa

Herran huoneessa minulla on ei mistään mitään puutuva tila

 Paimenen viitta sauva ja kivinen aitaus, ikiaikainen ilon virta

(runo on sarjasta" Paimenlaulun yksitoista rosoista gloriaa", joka huomioitiin kunniamaininnalla Pirkanmaan kirjoituskilpailussa vuonna 2015)

Huhtikuu, sinä julma hurmuri!
Lupaat ja kiellät,
tuulet ja paistat,
hellit ja haavoitat.
Huhtikuun taivas on avara meri,
pilvilaivoilla utuiset aamusatamat.
Tänä iltana käärit hämärää ja annat yön
ojentaa olkapäänsä väsyneelle.
Tänä iltana soitan vaisua kannelta.
Huhtikuu kuuntelee.

Sataa lunta.
Lunta sataa.
Sataa satasia, lumilapasia.
Esiripun repeämä halkoo ilmaa. Pyydystän toivoa.
Pysäkki-ilo ei vaadi mitään.

Ajattelen omia ajatuksiani. Kukaan ei voi viedä niitä.

Voisin jakaa, mutta en. Katson lunta.

Pääsiäisen iltavalo on hiutaleista tiheää.

Sataa lunta.

Olla matkalla aina-aina, ettei koskaan lähtisi,

ei koskaan palaisi, vierisi suuntiin, uusiin paikkoihin,

etenisi koko ajan, ehkä pysähtyisi joskus, katselisi

ympärilleen, kuuntelisi, taas jatkaisi

ja liike olisi läsnä ja matka kulkisi kuin tavaratalon liukuportaat,

olisiko silloin ehjä ja aina perillä?

Lähteä matkaan tietämättä, minne on menossa.

Mennä matkoihinsa ilman tietoa.

Suunnata kohti koilliskaakkoa ja länsiluodetta.

Ottaa kevyet kantamukset, kantaa keveyttä.

Olla osa maailmaa ja maisemaa, maistaa maan maku.

Kulkea sivupoluilla ja hiekkateillä.

Olla hidas ja vapaa.

Lähteä matkaan etsimään, kaatua kadonneeseen.

Kuuntelen sadetta, istun paikallani, kukaan ei kysy, ei hae, ei ehdota.

Tänään kaikki matkat tapahtuvat kahden korvan välissä, minä en.

Toiset kulkevat, näkevät ja kokevat.

Minä sadan taivaan kanssa.

Västäräkin vähäinen välimatka,
Kiurujen kuu ja pääskyjen päivät,
laskemme aikaa kuin vettä ammeeseen.
Ilma täyttyy äänistä, joilla on sanoma,
taivaalla lintujen pistekirjoitus pilvien lomassa.
Kalenterista käännän toukokuun
vai oliko se sittenkin viime kesän keskiviikko?

Lakaisen itseni läpi hetkien ja likaisten lasiruutujen.

Kuuntelen mieleni mollisointua, kairaan aukkoa pimeään.

Yöllä on tähdet, aamulla avannon kylmä syli.

Kuljen pitkospuillani, nämä laudat ovat tutut.

Koskaan en tiedä, missä suo loppuu ja alkaa valkovuokkojen aika.

Emmauksen tiellä ei ole ruuhkaa, näkymätön on läsnä.

Maisemassa nainen makaa uudella patjalla sängyssä,
joka on leveä laiva ilman ankkurinarua.
Lakanoissa on mankeliprässit ja puhdas iho, unien lupaus.
Ikkunoista vuotaa sisään iltatuulen suhina ja villiviinin latvukset,
kerrosten yli kiivenneet.
Tikapuita pitkin pääsee palojen varoittajaan,
joka huutaa ilman tulen häivää.

Maisemassa on näkymätön mies, kerrosta alempana,
uuden sängyn toinen puoliso,
puolikas valtamerta ja matalia aaltoja.
Naisen jalat ovat paljaat ja palelevat, helteen jälkeen viileän virrassa.
Pihalta kuuluu pääskynen, lokki ja naapurin huuto.
Suuret ikkunat avaavat maiseman,
kesäyö on yhtä aikaa sisälläulkona,
rajaton valo, pitkä hengitys.

Sanon itselleni ääneen:

Olen kaunis ja ihana.

Toistan sen seuraavana päivänä.

Tänään on kolmas päivä ja kuulen äänen päästäni.

Olen kaunis ja ihana.

Minä kelpaan ja riitän.

Tässäkö se oli?

Ääneen lausuttu huijaus, josta tulee vähitellen totta.

Huomenna olen hiljaa.

Hiljaisuutta ei ole ilman ääniä.

Märät puut eivät syty.

Olen kaunis ja ihana.

Hiljaa, hiljaa.

Aurinko otti iltahatkat ja katosi.

Minussa liikkui entisiä elokuita,

omenahillon ja karviaisten tahmeaa makeutta, maa tuoksui kypsänä.

Aurinko painui yöhön, minussa painoi hilpeä liekki.

Hapuilin katkaisijaa, vaikka mitään en halunnut katkaista.

Sakset putosivat pöydältä, maton alle piiloutui kevätpuro

 ja edellisten viikkojen sanomat.

Yötuulessa soi molli tasapitkää sooloa, helmoissani kahisi kaisla.

Aurinko otti hatkat ja viitta hulmahti yli vainion.

Jaksoin yhä hengittää. Sisään ja ulos.

Matti Kivilahti

Mitä saimme mukaamme paratiisista

(käyttöön, varalle)

Illan rauha, katuvalot　－　niiden valossa näen varjoni.

Ei ole muita. Vain minä ja ajatukseni.

  Askel askeleelta　rytmissä.

      Ajatukset eivät ole aitauksissa

        Ne ovat laitumella.

  Tilaa liikkua.

Tästä minä pidän.

Näen itseni varjossa, annan ajatusteni telmiä vapaana.

  Askel askeleelta　rytmissä.

      Autioilla kaduilla.

Käyttöön, muistoksi, varalle

Kahmimme ja kokoamme

Materiaa.

Ehkä joskus kysyn itseltäni

mitä tästä kaikesta lopulta kaipaisin,

jos minulla ei olisi mitään?

Lempeänä liikkuva tuuli
ei ole enää lämmin
  on tullut syksy
Koulureput
ja tuleentuneet viljapellot
  on tullut syksy
Ruskan ensimerkit
ja hallayötä edeltävä
 kuulas ilta
  syksy on taas tullut
Ja syksyn tultua
 minä tunnen
tämä aika on minun kotini.

Sivistys oli uhanalainen
    tarpeettomaksi määritelty
    rikkaviljaa kvartaalitalouden tuloslaskelmissa.

Voittoa tuomaton trivia, turhan tiedon tietämys
   niitettiin kumoon, kynnettiin peltoon.
       Kuka sellaista kaipaisi.

Kunnes huomattiin
     että sivistyksen kadottua
   katosi myös ihminen
   sellaisena kuin me sen tunsimme.

Entä jos lasten piiloleikin hauskin juttu
ei olekaan piiloutuminen
vaan löydetyksi tuleminen?
ja entä jos
leikki onkin ainut asia
mitä saimme mukaamme paratiisista
ja ehkä siksi
Taivas on aikuisille
niin utopistinen
ja vertauskuvallinen.

Supatus ja hihitys
    poreilee naapuripöytään asti
    yltyy nauruksi
  Tuollaista ilonpitoa
– vieläpä julkisella paikalla! –
eivätkö ymmärrä
    ei ole arvokasta käytöstä
    Lopettaisivat   pian!
  Sillä minuakin jo hymyilyttää
ja naurahdus voi kohta livahtaa
huulteni välistä.

Tilasin meno-paluun

satumaahan

Pikku-Lancia

kyydissään kolme unelmoijaa

kuin kapseli, joka körötti

halki luotaantyöntävän pakkasvyöhykkeen

sukelsi pimeään

kunnes valo paljasti heidän saapuneen perille

Mitä siitä kertoisi, jotta toiset uskoisivat?

Päättivät sen olevan turhaa

näkihän sen heistä

jos halusi nähdä

Eivät enää unelmoijia

lähempänä onnellisia.

Minun kynä alkaa häilyä paperilla
se ei pysähdy
hakee sanoja
huvin vuoksi
Se on kynän tehtävä
tarkoitus
olemus
Ainakin Platonin ideoiden taivaassa
Ideoiden taivas
mutta ei ideoiden taivas
ole missään yläpilvessä
tai Attikan niemimaalla
Se on tässä
kun minä liikutan pitkään palvellutta
lyijytäytekynääni
ruutupaperilla.

Katsellessani tähtiin
etäisyydet huimaavat
ajassa ja paikassa
vaikea ajatella
Minä olen keskipiste

Elämä kaikessa epätodennäköisyydessään
Asteroidien melskeen seurauksena
Kivi, joka kiertää radallaan
Fotosynteesi, solut, ilmakehä
vaikea spekuloida
lattealla sattumalla.

Haavoja, arpia
  iholla ja sen alla
  emme sietäisi nähdä.

  Taiteilijoita, jotka kantavat haavansa
    on kiittäminen
      että muistamme
    oikea elämä ei tunnusta

arvettomuuden kauneusihannetta.

Sydämeni sykkii lempeästi
sillä olen kätkenyt sinne onnen
Lapsenmieleni löysi salaisuuden
Näin hyväksi ylistää
mutta eihän salaisuutta voinut puhjeta puhumaan

Levollisesti kannan ikeeni
onnen kuorma ei tunnu
yhtään uuvuttavalta.

Ei sen ihmeempää

80 km/h

Valosta valoon, pimeän halki

Kuu loistaa kalpeaa hohdetta

valonnopeudella

Pimeällä ei ole nopeutta

se vain tulee ja katoaa

Auton nopeus säilyy vakiona

tasaisen vauhdin taulukko

kertoo saapumisajan perille

Ajatuksissani olen jo siellä

Miten mitataan nopeutta

henkisten etäisyyksien mittayksiköissä?

On tää kyllä vähän ihmeellistä.

Tomi   Voronin

Parisuhteen autopsia

(auringonlaskun jälkeen)

Kello keittiön **seinällä**

juoksee aikaa

meidän eduksemme

Enää jotain, *tyyliin*

seitsemän tsiljoonaa

sekuntia, **ja** *jo*
saamme jälleen

t**O**lj**O**tella toisiamme**!**

Juopuneena ikävän
kasvattamasta väsymyksestä
näen unessa silmäsi
jotka loimuten unelmoivat
kettumiehen katseen palosta.

Sinä et ylenkatso michcn
allergisoivaa autovanhusta
et piittaa pikkuvioista
kunhan vaan molemmissa
on leimaa vielä jäljellä.

Poikkesin rakkauden rannalla
venettä keinuttanut laine
on jäätynyt hileiden tanssiparketiksi
auringon hellivä lämpö
vaihtunut pohjoisen viimaksi
vaienneet ovat joutsenten huudot
rakastuneet huokaukset
auringonlaskun jälkeen
jäänharmaa hiljaisuus.

Sinun epäilyksesi
minun pelkoni

Jos rohkeutesi pettää
se on minun vahvin lihakseni
kun jää vereslihalle

Ne ovat minun
arpeutuneet haavani
jotka nypläät vuotaviksi.

Rakkautesi on riite
Pyhtösen peilillä

Armosi kannattelee
rantapallolla ylpeilevää
norsua sen pinnalla

Kepeästi kannat vastuun
toisen olennon elämästä

Rakkautesi on aspartaami
saappaanpohjan bitumissa

Huulilla viipyvä karvas
valheellinen lupaus
toveruudesta ikuisuudesta

Saatat uhrata kaikki
ylpeyden alttarille

Suljet silmäsi huokaat

Kiedot kädet ympärillesi
koska minä en niin tee
en katso en kosketa

Olet kadottanut
rakkauksista tärkeimmän
et enää rakasta itseäsi
koska minä en sano niin

Olen tiuskinut sinulle
huomautellut parjannut
pahimmillaan pilkannut
osoitellut vikojasi

jopa nauranut sinun
vajavaisuudellesi

Hyi helvetti minua!

Mutta anna anteeksi rakkaani
olenhan lopulta kuitenkin
vain metsä

Teemu Paarlahti

Patterin enkeli

(kuvitellulle)

Olet mykistetty (etä-).
Mutta jo jokusista sanoista voi kehittyä
pienannosriippuvuus.

Selvitä siis kurkkusi. Yski oikein.

Juna viheltää.

Kaupunki halkeaa.

Ilma väistyy vihaisena vaunuletkan tieltä.

Maisema kilkattaa ja välkkyy,

paiskoo elämänmerkit iltapäivään

joka on nukahtamaisillaan risteyksen punaisiin.

("Takana Mänttä ja, varjele!" Luonnos kuvaukseksi mortaliteetista epookilta ennen lopettamista: suhteellisen kuolleiden yksilöiden määrä pikkukaupungissa tietyllä aikavälillä, jolloin elinvoima on alamäessä ja syntyvyys laskee sen myötä.)

Valkoinen

kihti puhuu unikeolle (Girls girls) takaperoisesti
lääkäriä lääkäriä huudetaan

(552/2019)

Maailmamme kiertävät radoillaan
määrämitan päässä toisistaan.
Sinun taivaasi alla voi kuulla Borodinin Nocturnen.
Minun tähteni Spinning Wheel Blues.
Kuusi on joulu, minun syys.

Kohtaamme runoissa, mitä rivit ja välit kestävät.
Asetat pilkut ja pisteet, eikä kukaan kysy
koska oikea runoilija tulee.

Tarvitaan kahvia & karkkia.

Viulunkieliä & koirankieliä,
sillä maailmassa on palkeenkieliä   nyt yltympäri.

Sanoja, joista on hiottu turha, jää
kirkas ajatus, hyväenteinen.

(sodan aikaan iltapäivällä)

Pursotan valkosipulikastiketta salaatille.

Perjantai hiipuu sairaalan ruokalassa.

Maailman voi selittää sanomalla niin.

Meteorologi totesi aamun uutisissa exituksen:

on se kylmäksi mennyt.

Talvi kiertää vielä valkoisessa takissa koettelemassa.

Sen palpaatio on cool.

Niin.

Meillä molemmilla on hetki hetkeltä jäljellä vähemmän.

"Mikä on ihmislapsi!
Kuitenkin pidät hänestä huolen."
(Ps. 8:5)

kuratiivisesti

Kun luet hänen ihonsa pistekirjoituksen,
näet toisen ihmisen.
Ymmärrät, että kellosi on kesäajassa
ja sinä hänen talviaamuissaan toisaikainen.

Lapsena pelkäsin mummulassa kanoja,
teininä tyttöjä koulun välitunnilla.
Aikuisena opin olemaan naisten kanssa,
mutta kanoihin suhtaudun yhä varautuneesti.
Nokkimisjärjestykset ovat minusta vastenmielisiä.

Elämä[1]: rauta menee niin ja näin.

---

[1]*Elämällä* tarkoitetaan arkikielessä yleisesti laajakirjoista trippiä, johon kuuluu tyypillisesti komplisoitunutta olemista ja erilaisia toisiolain mukaisia prosesseja. Yksi kerää postimerkkejä, toinen lumbaalipunktioita. Kirjallisuudessa kerrotaan myös joillain tutkittavilla esiintyvästä kuumeisuudesta ja sen aiheuttamasta huorailusta, joka osassa tapauksista johtaa kiihtymisvaiheen aikaiseen randomisaatioon.

Lääkäri kieltäytyy pukeutumasta Pravdaan,
päättää olla parantamatta ainuttakaan sairautta.
Osastolla vallitsee ihmiskasvoinen sosialismi.

Mihin joudun, kun en saa
sanoa ei ehdottomasti.
Sen jälkeen voin vain rukoilla
päästäkää minut pahasta.
Taloni täyttyy, kunnes sen toimitan.
Kirjat eivät mahdu.
Kuitenkin sisälläni asuu halu tehdä vielä yksi.
Aloitan tänään, jatkan tänään. Niin ja näin.

Runoa ei voi suorittaa.

Siunatkoon!

meitä ihmemaahan

kani

Katu

Haapamäen radalta itään
naapurin Kaisu lunta lapioi

(pehmenee)

Talvipäivänseisaus on Winterin mutka,
kevät alamäki valoon.
Kantatie, tämä katu ja suuri illusioni
että kaikki on omissa käsissä.
Näinä päivinä on yhä enemmän aikaa
siihen, kun pyhä laskeutuu.
Siksi minun on se nimettävä
selittämätön selittäjä maailmassa,
joka taas vain ottaa ja pyörähtää.
Valo sulattaa runon ja paljastaa.

(elämässä pitää olla runoja se sano)

Lumihiutaleet vilistävät
siittiöt katulampun valossa.
On myöhäistä. Siksi uumoilen uutta syntyväksi.

Aika on odottamaton.
En tunne elämää, se on armoa.
Kello käy kylässä.

Maailma pehmenee.
Naapurin ikkuna sammuu onneksi.

Pyry tai pandemia,
kysyy hartioita.
Kliseistä puhua luovasta otteesta.

Pipo on pidettävä päässä. Viileesti.

Kaipaan kotikadun koiria.

Sitä, kun niiden hännät saivat maailman keinumaan.

Kulkijoita, jotka pohtivat kuun alla.

Minun puolestani elämän voisi panna kiinni

tältä päivältä

näiltä keväiltä

kaikelta

mikä estää osallistumasta haaveisiin ja villeihin uniin.

Miksi vain elokuvat sodasta ovat kiellettyjä lapsilta?

(suljen digihesarin ja uskon,
että tapahtuu ainoastaan se, mistä luen uutisista)

Kiskot

sinne jää mulla kauas lippu on puhelimessa

"Valtasuonen tukos vaikuttaa saturaatioon
Haapamäen radalla" (Keskusvirasto)

(konduktöörille)

Tommy Castro: "Make It Back To Memphis" (Tommy Castro).
Albumilta "Hard Believer" (Alligator Records 2009).

Perjantai emuloi Haapamäen rataa. Suuret ikäluokat poistuvat Vilppulassa. Asemalaiturilla Imago Dei poikineen. Lauantain vuorot jäävät liikennöimättä henkilökunnan puutteen vuoksi. Milläpä ajat, kun joku on (korjaan: *kähveltänyt*) kiskobussin. Mutta kaikki menee ohi. Sunnuntai-iltana tiine yksikkö 4402 purkaa lapsensa laiturille Tampereella ja aseman liukuportaat liukuvat. Kuu kumottaa ja kaikki on taas vain piirun verran päin persettä.

(jäätiin Matin kanssa junasta)

Savoy Brown: "Hellboud Train" (Andy Silvester & Kim Simmonds).
Albumilta "Hellbound Train" (Decca 1972).

Ensimmäinen, toinen ja kolmas toive. Kuviteltu konduktööri tarkastaa matkaliput ennen kuin päästää jengin junaan. *"Tähän on täytynyt mennä, että häirikkömatkustajista päästäisiin eroon"*, hän sanoo. Kuitenkin matkustajia riittää Haapamäen radalla. Pääsiäispäivän iltajuna Tampereelle on saatanan täynnä. Vihtahousu pakenee ristin ihmettä ja ylösnousemusta Huupposen puutarhassa. Pelkää, että viimeinen toive toteutuu.

"Konduktöörillä on aina oikeus tarkastaa matkaliput."
(Konduktööri)

Jethro Tull:" Locomotive Breath" (Ian Anderson). Albumilta "Aqualang" (Chrysalis/Island 1971).

Häirikkömatkustajat heillä on luonaan aina. Siksi taktiikkaa vaihdellaan. Kuviteltu konduktööri numero kaksi hoitaa hommaa *moikka kaikille kiva kun saan tarkastaa liput pannaan tuosta apsi päälle nooin hetki pieni se hetken miettii kiitos ja päivänjatkoja* -otteella. Sitä on vaikea kestää. Onneksi on kuuma ja niskaan vetää. Kolmas on kuvitettu niin kuin olisi seilannut Risen paatilla. Kiskobussi ähkyy ihmisiä matkalaukkuja polkupyöriä. Vieruskaverini ovat oikeita kaneja. Puuttuvat vain lampaat, vuohet ja pussyriot.

Jim Morey: "Last Bus" (Jim Morey). Albumilta "Nuthin But Love"
(Madeylook 2008).

Kevät on vedenpaisumus Vilppulan asema-aukiolla. Purjehdin arkilla parkkiin Kuutolan edustalle ja kävelen raiteelle kaksi. Mutta taajamajuna Jyväskylästä Tampereelle on peruutettu, koska kuskilla jäi viikonloppuna pakki päälle. Korvaavan bussin kerrotaan lähtevän aseman edestä 6.40 (*hähää, ei varmaan lähde vielä silloin*). Lo and behold! Toistakymmenmetrinen Carrus Deltan linjalta degeneroituu tilataksiksi. Astun purkkiin ja painun sen mukana matkaan.

Travis Tritt: "Southbound Train" (Travis Tritt & Charlie Daniels).
Albumilta "Down The Road I Go" (Columbia Nashville 2000).

"Rakas aspa!
Nyt onnea! Korvaava bussi on korvattu junalla ja H420 kulkee Haapamäen rataa. Toivottavasti poikkeustila jatkuu huomiseen. Kaikkea ei voi saada, joten kuulutukset ovat vaienneet ja on niin kuin elämässä usein, että pitää vain tietää. Eivät kyllä liu' u Tampereen aseman liukuportaatkaan."

Ciara: "Paint It, Black" (Keith Richards & Mick Jagger). Single (Epic Records 2015).

Alussa tuuli latvoja heiluttaa, sitten saksofoni soi ja mies penetroi. Boogieteorian alkeet. Vasta Oriveden jälkeen kirkastuu, mikä on kokopäivätyö. Rakasta itseäsi niin kuin Haapamäen rataa henkesi hädässä. Ja ettei se soi, jos sitä ei soiteta. Runoilija kirjoittaa, että karttaan on merkitty nopeita teitä. Onko nyt syvällistä vai lipsahtanut? Nehän vain ovat siinä, ei niitä voi karata itseltään.

Ry Cooder:" Southern Comfort" (Ry Cooder). Albumilta "Music by Ry Cooder" (Warner Bros 1995).

Rata ulottuu joka paikkaan. Minä ja konduktööri odotamme bussia pysäkillä 3121, jonka sivuitse komisario Koskinen ennen vanhaan laski Sorille päin. Ohi vierivien autojen talvirenkaat rapistelevat kevättä. Matkat töihin ja päiväkotiin. Tampere huokuu ja kaikki sen omakseen imemät ihmiset. Raholassa syntyneet ja hervantalaiset. Junantuomat. Kiskot vievät halki hyvän etelän Koikkariin ja ohi neuvolan kulman, jolta kölvinä näin, että linjapiili kurvasi juuri Piilinkatua ylös ja olisi pyörittävä ylimääräinen puolituntinen Ärrän nurkkia. Tiirailtava jos näkisi ikkunasta vilauksen Jallun kannesta. Kiskovat kyläpubin sivuitse. Apa kuoli sen eteen ja onhan siitäkin jo. Helvetti tätä elämää ja luokkakuviin pakattua haikeutta. Tulkoon kadotus kaikelle pahalle. En usko, että tulee, en moneen muuhunkaan onnelliseen pistoraiteeseen. Tulkoon silti ennen kesää.

Erkki Junkkarinen ja Rytmi-orkesteri: "Tuija, tehtaan tyttönen"
(sävel Toivo Kärki & sanat Rauni Kouta). (Musiikki Fazer 1951).

Rata pitää pintansa. Liittokunnan turvaväli elämänkeskukseen säilyy. Train keeps a-rollin'. DNR-päätöstä odoteltaessa kaupunkiin avataan uusi galleria ja kirjailija kirjoittaa hautausmaasta. Tuijista ja muista ikivihreistä. Saattajille tarjotaan kahvia. Pastori saa tarpeekseen.

(Kello käy. Autokunta kurvaa kuselle ammattikoulun pihalle.
 Basso jytkyttää. Kulttuuri kuuluu kaikille.)

Booker T. And The MG.´s: "Big Train" (Al Jackson Jr, Boker T. Jones, Lewis Steinberg & Steve Cropper). Albumilta "Soul Dressing" (Stax 1965).

Kis-ko-bus-si! Rautavuori. Se sanooo wrooom. Tulen kaukaa ja hyvin pyyhkii. Sysimetsää riittää Tampereen porteille. Kaupunki vuotaa. Kohtausvähenemä sen raiteilla on tilastollisesti merkitsevä. Savosenmäkeen olemme kaikki tervetulleita. Mäntänvuorisaarnassa kerrotaan maan perimistä. Voit myös lähteä Haapamäen rataa tai kantatietä. Kiihdyttää. Katsella vaalenneita vainioita ohimennen. Pehmopaperikylä ja sen kylkeen niitattu pitäjä. Natiseva maa, missä kaikkea uhkaa vähentäminen tai lopettaminen. Exitus on Main St. Supistukset ajavat matkaan ja minulla on osani siinä. Hyvä?

Jäljellä on yksi laulu Taidekauppalasta. Että pannaanpa jodlaten vielä viimeisen kerran.

Hector: "Lumi teki enkelin eteiseen" (Hector). Albumilta "Herra Mirandos" (PSO 1973).

Kaikki lähtevät kuuhun tai Tampereelle. Keskipäivällä aurinko on etelässä ja kellahtaa sitten vähin äänin oikealle. Kieltämättä ymmärrän. Elämä on Haapamäen rata. Jumala kannattaa Tapparaa.

Enkeli

radiossa laulettiin kiitos

(jälkeeni jää)

Aurinko teki enkelin olohuoneen patteriin.

Varjo piirtyi luolan seinälle.

Keskity oleelliseen.

Orkideaan.

Silloin runo tanssii lattian poikki venuksenkengissä.

Orkidea on runo.

Runo on orkidea.

Yliviivaa virheellinen.

Tuon silmäkulman taa
voi juonen piilottaa.
Se tähden lailla kimmeltää
jos kyynel sinne saa.
Mutt´iiris toinen on
niin jäisen kiilloton.
Se hyhmän lailla loitontaa
nyt laulajaa!"

Jouni Paarlahti (1936–2020)

Jälkeeni jää papereita[2]

joihin voit kuivata silmäkulman.

Pyyhi niillä vaikka muistosi.

---

[2]*"Flogging a Dead Horse" ("Kuusi pistoolia").* Kuukauden länkkäri, aurinkokello viiden tee.

Kaikilla on hetkensä,
kontinuiteettinsa asioilla auringon alla[3]

"ja aika kadottaa"
(Saarn. 3:6)

---

[3]*Elämä jatkuu."* Nouskaa siivillenne kotkanpoikaset. Läpiviekää kulttuuritoimitus protokollan mukaan. Lisääntykää kaikki maailman runot. Täyttäkää.

Paint it, white

Kuka saa viimeisen sanan

Reiska out

Orkidean tekijät

Katri Ikonen on Pirkanmaan kirjoituskilpailussa palkituksi ja kunniamainituksi tullut runoilija Kangasalta, joka on päivätyönsä ja kirjoittamisen kautta vahvasti hervantalainen.

Matti Kivilahti on pappi ja boheemi körtti Mänttä-Vilppulan Vilppulasta. .Hän on julkaissut runokirjat *Kaikella rakkaudella* (2016*), Vaillinaisesti sovinnainen* (2018) ja *Rajatapaus* (2020) ja on mukana myös antologioissa *Seudut, maat* (2018), *Pumpuista runoillen* (2019) ja *Sipsiä nutturasta - Suomen parhaat limerikit* (2020). Kivilahti on ollut KMV-lehden kolumnistina (2018-) ja toimittanut rippikoulunuorten runoista kokoomateoksen *Usko on minulle ankkuri* (2021).

Tomi Voronin asuu Mänttä-Vilppulan Kolhossa. Hän on POEM ry:n puheenjohtaja, runoilija, näytelmäkirjailija, kurssinvetäjä, tapahtumarakentaja sekä monipuolinen esiintyjä. Suunnitellut konseptit mm. Runopajalle, Kulttuurivartille sekä Loruvartille, joita on pitänyt vuosien ajan. Julkaissut viisi runokokoelmaa ja on mukana kolmessa antologiassa sekä toiminut kustantajana. Julkaissut runoja ynnä muita kirjoituksia lukuisissa lehdissä. Saavuttanut kunniamainintaa kirjoituskilpailussa. Mukana seurakunta- ja kuntapolitiikassa.

Teemu Paarlahti on Haapamäen radan kulkija ja kirjallinen puuhastelija Mänttä-Vilppulan Mäntästä. Immi Hellén - lastenrunokilpailun voittaja vuodelta 2009. Keväällä 2016 hän tasasi voiton Tampereen Aforismiyhdistyksen valtakunnallisessa kilpailussa Juha Siron kanssa. Hänet on palkittu myös Kouvolan Dekkaripäivien kirjoituskilpailussa 2017. Paarlahti on aikaansaanut useita teoksia, niitä ovat muun muassa *Lääkäri pukeutuu Pravdaan: näkyjä Haapamäen radalta* (Nysalor-kustannus 2021), *Radan varrella Waterloo: kertomuksia elämän karheilta pinnoilta* (Kustantamo Helmivyö 2018) ja *Meidän Luther: Mäntässä armon vuonna 2017 tapahtuva paikoin piittaamaton vaellus reformaation mainingeissa* (Mänttä-Vilppulan seurakunta 2018). Keväällä 2022 ilmestyi *Kirja eläville: tarinoita Mäntän hautausmaalta ja sen liepeiltä* (Kustantamo Helmivyö), jonka hän toimitti yhdessä Arto ja Linda Huhtisen kanssa. Paarlahti on ollut Pirkkalaiskirjailijat ry:n jäsen vuodesta 2020.

Katkelma **Jouni Paarlahden** runosta *"Tangoserenadi vain toiselle silmälle" (s. 94)* julkaistu sen tekijänoikeuden omistajien luvalla.

Raamattusitaatit (s. 64 ja 95) vuoden 1992 käännöksen mukaan (suomennoksen tekijänoikeus Kirkon keskusrahasto).

Sisällys